JN107225

増補版 ＼初めて作る／
かわいい練りきり和菓子
norinriko 川嶋紀子

contents

序章

和菓子の基本

1章

動物モチーフ の練りきり

本書の注意点

・各レシピで使われる練りきりの着色・錦玉の作り方は工程には含まれていません。basic recipe（P13）を参照して事前に準備してください。

・練りきりは、2～3日中に使い切ることが基本ですが、1週間程度は冷凍庫で保存も可能です。その際は冷凍焼けさせないように、ラップをした上で密閉容器に入れるなどして乾燥を防ぎます。着色し、成形した練りきりについては、その日、もしくは次の日には召し上がってください。暑さでいたむことがありますので、涼しい部屋か冷蔵庫での保管をおすすめいたします。あとがき（P111）の箱に入っているような保存用のカップも簡単に手に入りますので持ち運ぶ時などにお使いください。

・型抜きや小さな細工に使う少量の練りきりは多めの表示をしています。各自で適量を判断してください。

2章

お祝い・イベント
モチーフの練りきり

3章

花・植物モチーフ
の練りきり

増補版特別章

norinriko's special

はじめに

　縁あって和菓子店に嫁ぎ、菓子職人である連れ合いとともに和菓子づくりに明け暮れて15年が経ちました。私自身も製菓学校で和洋菓子を学びましたが、本格的な和菓子の製作は未知の世界でした。

　稼業を支えるうちに和菓子への理解が深まり、その洗練された技法と文化としての広がりに魅せられて、夫の手仕事を隣で盗み見て学ぶようになりました。それももう懐かしい思い出です。いまでは季節の創作菓子は私が担当しています。

　様々に寄せられるお客様からの要望に応えるうちに、伝統的な和菓子から飛躍した創作菓子も手がけるようになりました。最近では子どもたちと一緒に楽しめるかわいい造形や、キラキラ感溢れる女性的な彩りなど、伝統を重んじる菓子職人の手からは生まれない、和菓子の約束事から逸脱した創作にも取り組んでいます。そんな私の楽しみが、インターネットによる思いがけない繋がりと広がりに恵まれて、2018年に一冊の本となりました。

　そしておかげさまで5年の時を経て、この度7つの新作を加えた新たな一冊を刊行する運びとなりました。

　本書では、初めて和菓子をつくる人を念頭に置いています。堅苦しくならない程度に基礎も踏まえました。楽しくも奥深い創作和菓子への道案内になれば幸いです。

川嶋紀子

序章

和菓子の基本

時に美しささえ感じさせる和菓子の造形は、基本的な技術の習得と
素材や道具に対する知識から生まれます。一見するとどのように作ら
れているか分からない形や色も、ここで紹介する技術の組み合わせ
によるものなのです。一度で身につけるのは難しい技術もありますが、
あなたなりの美しさを思い描きながら気楽に取り組んでください。

本書で使う主な道具

ふるい
一度水でよく濡らし
水を含ませ、しっか
りふいてから使用

ふるい

ブラシ
ふるいから
生地を落とす
時に使う

ふるい
好みの
目の細かさ
を選んで

三角ベラの代用品
ホームセンターで購入した
木材を程よい長さでカットし、
紙ヤスリで整えたもの

三角ベラ
仕上げや細工の際に使用

扇型筆　りんご（P88）の着色に

スパチュラ

木ベラ
本書では求肥や練りきりを
仕込むのに使用

スプーン大

ステンレスヘラ

木製たまご　細工の際に使用

計量スプーン　木製たまごの代用としても

めん棒

8

和菓子作りに必要な道具は様々で、これらは本書で使用している主な物です。良い道具は職人仕事に欠かせませんが、身の回りにある日用品を加工すれば代用できるものも多いのでご安心を。この本ではそんな工夫も取り入れています。

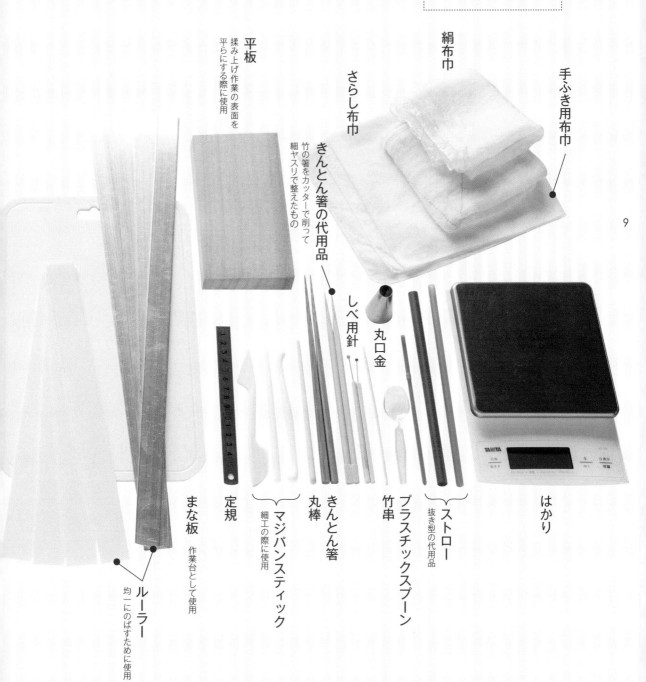

布巾

さらし布巾は作業台に敷き広げたり、練りきりを大きくのばす際に使用します。絹布巾は仕上げの際に使用します。すべて水で濡らして、固く絞ってから用います。

手ふき用布巾

絹布巾

さらし布巾

平板
揉み上げ作業の表面を平らにする際に使用

きんとん箸の代用品
竹の箸をカッターで削って細ヤスリで整えたもの

しべ用針

丸口金

はかり

ルーラー
均一にのばすために使用

まな板 作業台として使用

定規

マジパンスティック
細工の際に使用

丸棒

きんとん箸

竹串

プラスチックスプーン

ストロー
抜き型の代用品

本書で使う主な材料

本書で用いる材料はごらんの通りです。
これだけの素材で紹介している全ての和菓子を作ることができます。
それぞれの役割を簡単に説明します。

白玉粉
求肥の材料として使用します。

粉寒天
水で戻す必要がない寒天。本書では砂糖を加えて錦玉として使用しています。

グラニュー糖
甘みとして使用します。

上白糖
甘みとして使用します。

氷餅
餅を水に浸して凍らせた後に乾燥させたもの。菓子に振りかけて表情を作ります。

黒ゴマ
動物の目になります。

白餡
中餡や練りきりの材料として使用します。

小豆こし餡
中餡に使用します。

甘みをつけると
ともに、艶出し
や乾き止めとし
て使用します。

水飴

金箔

銀箔

アラザン

トッピングに使用します。

食用色素

鮮やかな発色が特徴
の粉末タイプ。
少量できれいに着色
します。

食用色素（天然）

天然素材から抽出した粉末タイプ。
自然なやさしい色合いが特徴。

練りきり

練りきりとは白餡と求肥（ぎゅうひ）を混ぜて作った生地のことで、一口に言えば和菓子を細工しやすくするためのもの。練りきりがなければこの本の和菓子作りは始まりません。市販品の餡を使う手軽な方法を紹介します。

材料（出来上がりは約380g）
白餡‥‥‥‥400g
水飴 ‥‥‥‥‥8g
求肥用（出来上がりの32gを使用）
　白玉粉‥‥‥10g
　水‥‥‥‥‥20g
　上白糖‥‥‥20g

気をつけたいこと

- 練りきりを冷ます際に直接手で触るので、しっかりと手を洗ってから作業を始めましょう。
- 練りきりや餡は乾きやすい素材です。製作途中や仕上がった際にも、ラップで覆ったりカップで蓋をして乾燥を防ぎましょう。
- まめに手を拭いて清潔に保ったり、手の平の温度を下げるための濡れタオルを用意しておきましょう。そうすることで砂糖や餅の入った練りきりが手につきにくくなります。
- 濡らして固く絞った手拭いや布巾を作業台に広げておけば、素材を置いてもつきにくくなるので作業がはかどります。ラップをシワ無く張って代用することもできます。

12

A 白餡を耐熱ボウルに入れて表面を平らにし、キッチンペーパーをかぶせて電子レンジ（600W）で約3分間加熱する。

B 上下をひっくり返して更に約2分30秒間加熱する。手で触ってもくっつかず、軽く粉がふくぐらいが目安（加熱時間は様子を見ながら調整を）。

1 白玉粉に水を少しずつ加えて、塊ができないように溶かす。

2 更に上白糖を加えてよく混ぜ、約40秒間加熱する。半透明の餅状になれば求肥のできあがり。

3 加熱した白餡に**2**求肥から32gを加えて、木べらで均一になるまで混ぜる。（手早く行う。どちらかが冷めていると綺麗に混ざりにくい）

4 水飴を混ぜてから、手で一塊にまとめる。

5 適当にちぎって小分けし、固く絞った濡れ布巾に広げて熱を冷ます（余熱で色焼けしないように）。

6 もう一度ひとまとめにしてから小分けする作業を2～3回繰り返し、乾燥を防ぐための布をかけておく。完全に冷めたらラップし、密閉して冷蔵庫で保管する。

練りきりに色をつけることで様々な表現ができるようになります。本書で紹介する和菓子は色の淡さも特徴ですので、着色料をたくさん使う必要はありません。ほんのりと色づく程度の着色の加減とコツを掴みましょう。濃いめに色づけしたものを元色にして、白色練りきりを少しずつ足して調色する方法もあります。濃くなりすぎる失敗が少ないのでお薦めです。ここでは色粉を使って着色しています。

水分が多いと色が薄まり、色素をたくさん使うことになり、練りきりがやわらかくなるので注意が必要。

  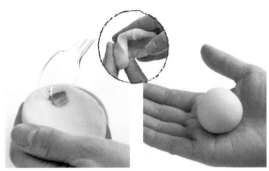

1 色粉を小皿に少量移す。ほんの少しのぬるま湯で、ダマがないよう溶かす。

2 練りきりを軽く揉み込んで、固さをなじませる。

3 少量の**1**を加えて、手につかないように揉み込む。

4 生地に色素が馴染むと、後から若干色が濃くなるので、少し淡い位に色づけする。

13

寒天に砂糖を加えて作る錦玉も、和菓子に欠かせない素材の一つです。涼やかに輝くアクセントとして夏の季節菓子に用いることが普通ですが、私の創作菓子ではキラキラ飾りとして四季を通じて用いています。練りきりとは違う異素材として大活躍してくれます。

材料
粉寒天 ・・・・・・・・・ 2 g
水 ・・・・・・・・・・ 100 g
グラニュー糖 ・・・ 120 g
水飴 ・・・・・・・・・・ 6 g

ゴムベラ 7〜8mm雫がついている状態

途中で移動させたりすると、コシが抜けて凝固力が弱まる場合も。

1 水に粉寒天を入れて混ぜ、中火にかける。

2 **1**が溶けたらグラニュー糖を加える。

着色する場合には、この辺りで着色する。

3 焦がさないよう、ヘラを入れすぎないよう煮詰める。鍋のフチに7〜8mmくらいの雫ができるようになったら火から下ろす。上がりぎわに水飴を加え混ぜる。

4 小さなバットか平らな容器に**3**を流す。アクが気になったら、ペーパーナプキンなどで取り除く。固まるまでは移動させたりしない。

包餡

包餡はその字の通りに、餡を練りきりで包む工程です。菓子職人は手の中で練りきりをくるくると回しながら、指の腹で素早く餡を包み上げますが、なかなかこうはいきませんからご心配なく。要は指跡をつけないように丸く綺麗に仕上げられたら良いのです。楽しんで包んでください。注意点は包んだ餡が練りきり越しに透けないこと。こしあんは白餡よりも透けやすいです。

1　両手の平で生地を平らに
　つぶす。

2　利き手と反対の手の関節
　辺りにつぶした生地をの
　せ、その上に適量に丸めた
　中餡をのせる。

3　全体をロクロのように回
　しながら、生地をのせた
　手の親指の腹で練りきり
　を餡に回し上げるようなイ
　メージで包んでいく。

4　餡の上部まで生地(練りき
　り)が上がったら、利き手
　の指先でしっかりと閉じ
　る。

5　指跡がない美しい丸形に
　なるように、両手の平で柔
　らかく転がすように形を整
　える。

6　完成。

14

大きな区分では「総ぼかし」の一つですが、本書で多用する技術ですから特に紹介します。色づけた練りきりを白い練りきりで包むことで、奥行きのある色調を表現することができます。色にこだわる日本人ならではの大事な一手間です（ここでの説明は白色練りきり・ピンク色練りきり・白餡で行う場合）。

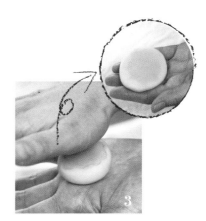

1 白色練りきりを手の平で平らにつぶす。

2 丸めたピンク色練りきりを上にのせ、白色練りきりで3分の2程まで包む。

3 これを再び手の平で平らにつぶすと、中心が淡く色づいた生地ができる。

4 色づいた面が内側になるようにして包餡する。

5 全体が綺麗な丸形になるように両手の平で撫でながら整える。

6 完成。

貼りぼかし

繊細で淡い色彩も和菓子の醍醐味と言えるものです。「ぼかし」は色に階調（グラデーション）や奥行きを与える技術です。「総ぼかし」や「部分ぼかし」、「貼りぼかし」などの様々な技法があります。ここでは本書でよく登場する「貼りぼかし」を紹介します。

1 水色練りきりを手の平で平らにつぶす。

2 適量の白色練りきりを指先で棒状にのばしてから平らにつぶし、それを水色練りきりの上にのせる。

3 白色練りきりの端を下の水色練りきりに馴染ませるように指先でのばす。

4 ２色の練りきりを合わせた面が外側になるようにして白あんを包餡する。

5 全体が綺麗な丸形になるように両手の平で撫でながら整える。

6 完成。

16

もみあげ

包餡した練りきりを立体的に成形する技術です。平板で平面にした上面を盛り上げるように両手で挟んで「もみあげ」ます。最終的にはカップケーキのような形を目指します。難しい職人技ですから、最初はできなくてもがっかりしないでください。これができるようになると和菓子らしい形がつくれるようになります。

1 包餡を終える。

2 用意した平板に包餡の綺麗な面をあてて、手の平で半分ほどの高さにまでつぶす。

3 押し当てた面の円形を傷つけないようにして平板から剥がして手に取る。

4 円形面を上にした生地を、チューリップのような形にした両手の平で挟む。

5 円形のふちを触らないように心がけながら横回転させて、生地側面を下にすぼめるようにのばし、上面の円形が盛り上がるように力を加えてカップケーキ状に成形する。

6 完成。

17

1章

動物モチーフの練りきり

子どもたちにも喜んでもらえる題材として、人気が高い動物モチーフの和菓子を集めました。和菓子の技術とかわいいの感性は別物ですから、かわいさでちょっとした失敗も挽回できるのが楽しいところ。目鼻の位置などはお好みでアレンジして、更なるかわいいを追求してみてください。

01　うさぎ

材料

ピンク色練りきり ···· 20g
ピンク色練りきり ·· 5gほど
中餡 ················ 15g
茶色練りきり ······· 少量
黒ゴマ ··········· 適量

使う道具

平板
ストロー（太口）
ストロー（細口）
めん棒
竹串

Let's make!

綺麗な面を下に

1 ピンク色練りきり20gを
まるく平らにつぶして、そ
の上に中餡をのせて包餡す
る。

2 平板に綺麗な面を押し当
てて外し、平らになった面
を上にする。

3 面を触らないようにして、
横から見たときに上面の
中心よりもふちが下がるよ
うに俵形に整形する。

4 ストロー（太口）を用意す
る。抜きやすいように、
長さを短くカットする。一
度、つぶすと葉のような形
となる。

5 ピンク色練りきり5gをめ
ん棒でのばす。

6 のばした練りきりを **4** の
ストロー（太口）で2枚抜
く。上部につけて、耳にす
る。真ん中に竹串で軽く押
し、スジを入れる。

7 ストロー（細口）を用意。
長さを短くカットし、さら
に縦にカットする。外面同
士を背中合わせになるよ
う2つに折ると口の型に
なる。

8 先程用意した **7** を、口のあ
たりをイメージして押す。

9 用意した茶色練りきりから
少量とり、丸めて口の上に
つける。最後に、黒ゴマで
目をつける。

21

02 ぞう

材料
水色練りきり ····· 20g
水色練りきり ···5gほど
中餡············· 15g
黒ゴマ·········· 適量

使う道具
平板
めん棒
丸口金
マジパンスティック
竹串

Let's make!

1 水色練りきり20gを丸く平らにつぶし、中餡をのせて包餡する。

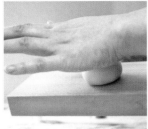

2 1の綺麗な面を平板にあてて軽くつぶす。

3 つぶした面を触らないようにしながら、ふちが下がるように俵形に整える。

4 水色練りきり5gをめん棒でのばし、丸口金の大きい方で2枚抜く。その2枚を3の上部にのせて、耳にする。

5 丸口金の小さいほうで口をつける。

6 4の水色練りきりの残りをまとめて、更に適量を使い、細長くまとめる（鼻になる）。

7 6で作った鼻をカーブ状に成形し、顔の鼻のあたりにのせる。

8 マジパンスティックを使い、鼻にスジを入れる。

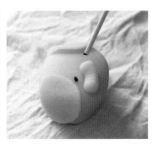

9 目の辺りに、黒ゴマを2つつける。

03　ペンギン

材料	使う道具
水色練りきり ···· 22g	めん棒
水色練りきり ······ 1g	平板
黄色練りきり ·····少量	丸口金
白色練りきり ·· 3gほど	マジパンスティック
中餡··········· 18g	竹串
黒ゴマ·········適量	

Let's make!

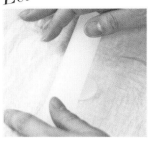

1 白色練りきりをめん棒で
のばす。

2 のばした練りきりを、丸口
金の大きい方で1枚抜く
（お腹の部分になる）。

3 水色練りきり22gを丸く平
らにつぶし、中餡をのせて
丸く包む。

4 平板に**3**の綺麗な面をあ
てて、軽くつぶす。

5 **4**の綺麗な面に、**2**で用意
した白色練りきりをお腹に
なるように下の部分にのせ
る。再度、綺麗な面を平板
に当てて、水色練りきりと
白色練りきりの段差がなく
なる位に押し当てる。

6 綺麗な面を触らないよう
に注意しながら、全周のふ
ちの角が丸みを帯びるよ
うな俵形にする。足のほう
をよりつぶして、上から見
たときにお腹がトンネルに
見えるように形を整える。

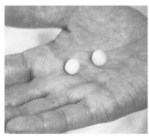

7 水色練りきり1gを2つに
分けて、それぞれ細長く成
形する。**6**の両端の真ん中
辺りにのせて、手に見立て
る（手の向きは、お好みで
アレンジしても）。

8 黄色練りきり少量を長細
く丸め、顔の部分にのせ
る。更にマジパンスティッ
クで、横にスジを入れる
（くちばしとなる）。

9 黒ゴマを上部に2つつけ
て、目を仕上げる。

25

04 くま

材料	使う道具
茶色練りきり ‥‥‥20g	めん棒
茶色練りきり ‥‥2gほど	平板
白色練りきり ‥‥2gほど	丸口金
黒色練りきり ‥‥‥少量	マジパンスティック
中餡 ‥‥‥‥‥‥15g	ストロー（細口）
黒ゴマ ‥‥‥‥‥適量	竹串

Let's make!

1 白色練りきりをめん棒で
のばし、丸口金の小さい方
で、1枚抜く。

2 茶色練りきりを丸くつぶし
て平らにし、中餡をのせ
て、丸く包み整える。

3 平板に**2**の綺麗な面をあ
て、ほんの軽く押しつぶす。

4 **3**の綺麗な面に、**1**で用意
した白色練りきりを、ふち
よりにのせる。

5 再度、**4**の平らな面を平板
に当てて、茶色練りきりと
白色練りきりが段差がなく
なる位までつぶす。綺麗な
面を触らないようにしなが
ら、俵形に整える。

6 茶色練りきり2gから適量
取り、それぞれ丸め、更に
つぶして耳の辺りにつけ
る。

7 加工したストローを使い
（P21の**7**を参照）、口に
見えるように押す。

8 黒色練りきりを少量取り、
7の口の上につける。

9 黒ゴマを2つ、目の辺りに
つける。
＊練りきりの色を変えること
で白くま（P18参照）にする
こともできます。

05 ひつじ

材料

白色練りきり ‥‥‥‥‥‥‥‥ 20g
うすだいだい色練りきり ‥5gほど
黒色練りきり ‥‥‥‥‥‥‥‥ 少量
中餡‥‥‥‥‥‥‥‥‥‥‥‥‥ 15g
黒ゴマ‥‥‥‥‥‥‥‥‥‥‥‥ 適量

使う道具

めん棒／丸口金／包丁
ストロー
（普通サイズ・細口）
ふるい（細目）
きんとん箸
たまご型かスプーン

Let's make!

1 うすだいだい色練りきりを
めん棒でのばし、丸口金の
小さい方で1枚抜く。その
後、少し楕円形に整える。

2 のばした残りの生地から、
ストロー（普通サイズ）を使
い2枚抜く。それぞれを半
分より大きめにカットし、
その大きい方を耳に使う。

3 ストロー（細口）で作った口
型（P21の7を参照）を使
い、1の下の部分に押す。

4 黒色練りきりを少量取り、
小さく丸めて口の上にの
せ、黒ゴマを2つ使い、目
を仕上げる。

5 めん棒で白色練りきりを
適当にのばし、ふるいの
上にのせる。

> きんとんふるいは、
> 一度水で湿らせてから、
> 綺麗に拭く。ふるいの
> 細かさは、お好みで。

6 手で上から垂直に押してこ
す（ふるいから練りきりが
落ちない場合は、ブラシな
どを使い、上からトントン
と叩き落とす）。

7 中餡に6でできたそぼろ
状のきんとんを、きんとん
箸でつけていく。底の面か
ら、側面、最後は上部の順
にバランスを見ながらつけ
ていく。

8 7でできたきんとんの真
ん中を、たまご型やスプー
ンなどを使い、少し平ら
に整える。その上に、4で
作った顔をのせる。

9 2で用意した耳2枚を、上
部の左右にのせる。

06 パンダ

材料
白色練りきり‥‥‥‥ 20g
黒色練りきり‥‥‥ 5gほど
中餡‥‥‥‥‥‥‥‥ 18g
黒ゴマ‥‥‥‥‥‥ 適量

使う道具
平板
めん棒
ストロー（太口）
竹串

Let's make!

1 白色練りきりを丸く平らに
つぶし、中餡をのせて丸く
包み整える。

2 平板に綺麗な面をあてて
軽くつぶす。

3 綺麗な面を触らないように
しながら、ふちが下がるよ
うにして俵形に整える。

4 黒色練りきりを適量とり、
2つ丸めてつぶし、頭の上
部につける（耳になる）。

5 残りの黒色練りきりをめ
ん棒でのばし、ストローを
軽くつぶしながら、2枚抜
く。

6 5を目の部分の辺りにの
せる。

7 5で残った黒色練りきり
から、ほんの少々取り丸め
て、鼻の辺りにつける。

8 6でつけた黒色練りきり
の真ん中辺りに、黒ゴマを
それぞれつける。

07 とり

材料
黄色練りきり‥‥‥22g
白色練りきり‥‥‥‥2g
中餡‥‥‥‥‥‥‥‥18g
黒ゴマ‥‥‥‥‥‥適量

使う道具
絹布巾
竹串

Let's make!

1 黄色練りきりを丸く平らに
つぶす。白色練りきりを棒
状にのばし、黄色練りきり
のふちにのせる。

2 1の白と黄色の境目辺り
を、白から黄色に向かうよ
うに「貼りぼかし」し、グ
ラデーションにする。

3 ぼかした面が外側になる
ように、中餡をのせて丸く
包む。

> この時、写真の配置
> のように白がくると、
> お腹が白色の鳥に
> 仕上がる。

4 3の練りきりを、雫形にな
るように押しつぶす。指先
方向が顔になり、手首方向
が尾となる。顔よりも尾の
ほうの厚みを薄くした雫形
にする。

5 きっちりと固く絞った絹布
巾を用意して4をのせる。
この時、顔になる部分が絹
布巾の中央部にくるように
する。

6 絹布巾でおおい、尾のほ
うに布巾のヒダが寄るよう
に整えてから、尾の先で布
巾をくるくる絞る。

7 左手の親指・人差し指で顔
の部分をつまみながら、右
手は絞った手を離さずに、
両手で軽く引っ張る。

8 布巾をほどき、顔・くちば
し・胸を整える（くちばし
は少し上を向いている方が
鳥らしく見える）。

9 くちばしの少し上に、黒ゴ
マをのせる。

08　いぬ

材料

薄い茶色練りきり‥‥‥‥20g
濃い茶色練りきり‥‥‥2gほど
黒色練りきり‥‥‥ほんの少量
赤色練りきり‥‥‥ほんの少量
中餡‥‥‥‥‥‥‥‥‥‥15g
黒ゴマ‥‥‥‥‥‥‥‥‥適量

使う道具

平板
ストロー（細口）
めん棒
竹串

Let's make!

1 薄い茶色練りきりを丸く平らにつぶし、中餡をのせて、丸く包み整える。

2 平板に、**1**の綺麗な面をあてて、軽く押しつぶす。

3 綺麗に平面になった部分を触らないようにしながら、ふちが下がるように俵形に成形する。

4 俵形の練りきりの上部に親指をあてて、へこます。犬の横顔をイメージしながら、形を整える。

5 濃い茶色練りきりを適量にとり、棒状に丸めたものをつぶす。更に右側にのせて耳に見立てる。

6 細いストローで作った口型（P21の**7**参照）を用意して、左側の下あたりを押す。

7 黒色練りきりを少量とり、丸めて**6**の口の上の部分にのせて鼻に見立てる。

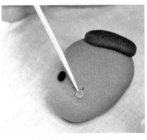

8 赤色練りきりをめん棒でのばし、細いストローで抜き、口の下部分にのせる。竹串でスジを入れて舌にする。

9 黒ゴマを1つつけて、目を仕上げる。

09 かえる

材料

緑色練りきり……… 20g
緑色練りきり………… 1g
白色練りきり……… 少量
黒色練りきり……… 少量
中餡……………… 15g

使う道具

平板
丸口金
竹串
めん棒
ストロー（細口）

Let's make!

1 緑色練りきり20gで、中餡を包む。

2 平板に綺麗な面を押し当てて、平らにする。

3 2を俵形に整える。

4 丸口金を用意する。小さい輪の部分を使い、練りきりに押し込み、口に見立てる。

5 竹串を使い、鼻の辺りに2箇所、穴を開ける。

6 緑色練りきり1gを半分に分け、丸めて目の部分につける。

7 白色練りきりをめん棒で薄くのばし、細いストローで2枚抜く。

8 目の部分に7をつける（白目になる）。

9 黒色練りきりを黒目に合うように少量取り、2つを丸めて白目の上につける。

10　ねこ

材料	使う道具
白色練りきり ‥‥‥‥ 20g	平板／めん棒
白色・ピンク色練りきりを合わせて ‥‥5g	包丁／定規
水色練りきり ‥‥‥3gほど	ストロー（太・細口）
黒色練りきり ‥‥‥‥ 少量	竹串
中餡 ‥‥‥‥‥‥‥ 15g	マジパンスティック

Let's make!

1 白色練りきり20gで中餡を包み、平板に包んだ練りきりの綺麗な面を押し当てて、俵形に整える。

2 白色・ピンク色を張り合わせた練りきりを、2mm厚定規をあてながらめん棒で幅2cmがとれるようにのばす。

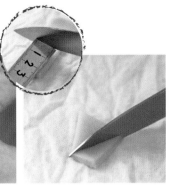

3 のばした練りきりから、縦2cm×横2cmの四角形を取り、それをカットして2つの三角形を作る。

4 1の俵形の上の部分に、3を2枚つけて耳にする。

5 水色練りきりをめん棒でのばし、大きなストローで円を2つ抜く。

6 2枚抜いた水色練りきりを、4の目の部分に貼りつける。

7 少量の黒色練りきりを2つ丸めて、6の目の上にのせる（黒目になる）。

8 細いストロー（P21の7参照）で口を押し、更に3で残った練りきりから少量取り、丸めて鼻の部分にのせる。

9 マジパンスティックでひげを描く。

39

赤　　藤色　　濃い水色　　淡い水色　　ミントグリーン　　若草色

練りきりに色をつける着色料には、天然色素や練り色素、粉末色素など様々な種類があります。メーカーによって特性も異なりますが、一般的な着色料ははっきりとした発色をして、天然色素は柔らかい発色をする傾向があります。粉末色素は固まりにならないように均一に混ぜるように。液体色素で練りきりが柔らかくなり過ぎないようにと、着色料によって注意する点も様々です。

うすだいだい　　オレンジ　　淡いピンク　　濃いピンク　　赤紫

黄

一般的な着色料

色についてのお話

天然色素

黒
茶
緑
黄
青
赤
紫
ピンク

2章

お祝い・イベント
モチーフの練りきり

季節や慶事の表現は和菓子が最も得意とするものです。毎日の生活の中で、こんな和菓子が作れたら楽しいのではと考えたものを紹介します。上手くできたら贈り物にしても喜ばれるかもしれませんね。

11 松竹梅

材料（梅2個の分量）
赤色練りきり ‥‥‥‥‥24g
白色練りきり ‥‥‥‥‥24g
中餡‥‥‥‥‥‥‥18g×2個
ピンク色練りきり ‥‥‥少量
黄色練りきり ‥‥‥‥‥少量
金箔‥‥‥‥‥‥‥‥‥適量

使う道具
包丁
絹布巾
めん棒
抜き型（梅）
ふるい（細目）
マジパンスティック

松竹梅

Let's make!

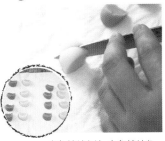

1 赤色練りきり、白色練りきりをそれぞれ包丁で8等分にカットする。

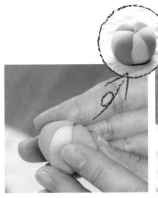

2 紅白になるように4個ずつを、交互に貼り合わせる。

3 2を丸く平らにつぶし、餡を包む。

4 濡らしてしっかり絞った絹布巾を用意し、真ん中に紅白に完成した練りきりをのせる（綺麗な面を上にしてのせる）。

5 絹布巾のひだを寄せて絞る。

6 絹布巾を絞り、絞った手の親指・人差し指・中指を使い、絞ったすぐ下辺りから上に向かってつまむ（土台完成）。

7 ピンク色練りきりをめん棒で薄くのばし、梅の抜き型で抜く。お好みの位置に抜いた梅をつける。

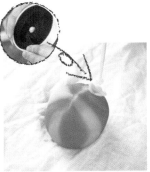

8 細かいふるいでこした黄色練りきりを、梅のしべとしてのせる。

9 更にお好みで、金箔を振りかける。

12　baby（男の子・女の子）

POST CARD

料金受取人払郵便

小石川局承認

7741

差出有効期間
2025 年
6 月 30 日まで
（切手不要）

1 1 2 - 8 7 9 0

1 2 7

東京都文京区千石 4 -39-17

株式会社　産業編集センター

出版部　行

hlll·ll·l·h·l·llh·lll·l·ll·l·ll·lll·l·l·l·l·l·l·l·l·l·l·l·l·l

★この度はご購読をありがとうございました。
お預かりした個人情報は、今後の本作りの参考にさせていただきます。
お客様の個人情報は法律で定められている場合を除き、ご本人の同意を得ず第三者に提供する
ことはありません。また、個人情報管理の業務委託はいたしません。詳細につきましては、
「個人情報問合せ窓口」（TEL：03-5395-5311〈平日 10:00 ～ 17:00〉）にお問い合わせいただくか
「個人情報の取り扱いについて」（http://www.shc.co.jp/company/privacy/）をご確認ください。

※上記ご確認いただき、ご承諾いただける方は下記にご記入の上、ご送付ください。

株式会社 産業編集センター　個人情報保護管理者

ふりがな

氏　名

（男・女／　　　歳）

ご住所　〒

TEL：

E-mail：

新刊情報を DM・メールなどでご案内してもよろしいですか？	□可　□不可	
ご感想を広告などに使用してもよろしいですか？	□実名で可　□匿名で可　□不可	

ご購入ありがとうございました。ぜひご意見をお聞かせください。

■ お買い上げいただいた本のタイトル

ご購入日：　　　年　　月　　日　　書店名：

■ 本書をどうやってお知りになりましたか？
☐ 書店で実物を見て
☐ 新聞・雑誌・ウェブサイト（媒体名　　　　　　　　　　　　　　　）
☐ テレビ・ラジオ（番組名　　　　　　　　　　　　　　　　　　　）
☐ その他（　　　　　　　　　　　　　　　　　　　　　　　　　　）

■ お買い求めの動機を教えてください（複数回答可）
☐ タイトル　☐ 著者　☐ 帯　☐ 装丁　☐ テーマ　☐ 内容　☐ 広告・書評
☐ その他（　　　　　　　　　　　　　　　　　　　　　　　　　　）

■ 本書へのご意見・ご感想をお聞かせください

■ よくご覧になる新聞、雑誌、ウェブサイト、テレビ、
　 よくお聞きになるラジオなどを教えてください

■ ご興味をお持ちのテーマや人物などを教えてください

ご記入ありがとうございました。

材料	使う道具
うすだいだい色練りきり‥20g	平板
うすだいだい色練りきり‥‥1g	丸口金
ピンク色練りきり‥‥‥‥少量	ふるい（細目）
茶色練りきり‥‥‥‥‥少量	竹串
中餡‥‥‥‥‥‥‥‥15g	
黒ゴマ‥‥‥‥‥‥‥適量	

※女の子に向日葵の花飾りをつける場合、黄色・茶色練りきり・めん棒・小さな菊の抜き型・マジパンスティックを用意。

Let's make!

1 丸くつぶしたうすだいだい色練りきり20gで、中餡を包む。

2 平板に綺麗な面を押し当てて俵形にする。

3 1gのうすだいだい色練りきりを使い、耳と鼻を丸めてつける。

4 丸口金を斜めの角度から押し当てて、口を作る。

5 ピンク色練りきりを少量使い、口のそばに頬っぺたをつける。

6 黒ゴマを使い、目をつける。

47

黄色練りきり‥‥‥少量	めん棒
茶色練りきり‥‥‥少量	菊の抜き型
	マジパンスティック

7 茶色練りきりを、細いふるいでこし、竹串を使って髪の毛をつける（髪の量は、お好みで）。男の子完成。

女の子用の向日葵の作り方

8 黄色練りきりをめん棒で薄くのばし、小さな菊の抜き型で抜く。茶色練りきりを少量使い丸めてつぶし、花の真ん中につける。スジをつけて向日葵に見立てる。

9 7の髪の毛に8をのせたら、女の子完成。

48

13　もも

もも

材料
赤色練りきり ‥‥‥ 22g
黄色練りきり ‥‥‥‥ 2g
中餡 ‥‥‥‥‥‥‥ 18g
緑色練りきり ‥‥‥ 少量

使う道具
三角ベラ
めん棒
葉の抜き型
（または丸口金）
竹串

Let's make!

1 赤色練りきりを、丸く平らにつぶす。

2 黄色練りきりを俵のように細長くのばし、赤色練りきりの端にのせ軽くつぶす。

3 黄色練りきりのきわを指の腹を使って、赤色練りきりに向かってのばし、色のグラデーションを作る。

4 グラデーションが外側になるように中餡をのせて包みあげる。

5 包んだ練りきりは、指跡がつかないように、丁寧に丸める。グラデーションが綺麗に見える位置を正面にする。

6 三角ベラを使い、弧を描くイメージで、スジを入れる（土台完成）。

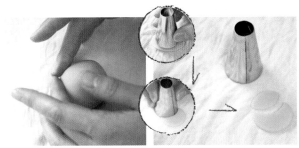

7 両手の指を使って桃の先のとがった部分を作る。

8 緑色練りきりをめん棒で薄くのばし、葉の抜き型で抜く。葉の抜き型がなければ丸口金を使い葉を作る。

9 お好みの位置に葉をつけ、竹串を使ってスジを入れる。

14 イースター・エッグ

イースター・エッグ

材料		使う道具
若草色練りきり・・・・・・・・・	18g	マジパンスティック
中餡・・・・・・・・・・・・・・・・	15g	ふるい（細目）
紫・ピンク・水色練りきり・・・	各3g	きんとん箸
白色練りきり・・・・・・・・・・・	少量	スプーン
黄色練りきり・・・・・・・・・・・	少量	めん棒
金箔・・・・・・・・・・・・・・・・	適量	抜き型（蝶）

51

Let's make!

1 紫色練りきりを丸く平らに
つぶし、マジパンスティッ
クなどで、2ヶ所を丸くへ
こます。

2 へこんだ穴に、白色練りき
りを埋め、埋めた面が外側
になるように丸め、たまご
型にする。

3 ピンク色練りきり・水色練
りきりも同様に仕上げ、で
きあがった3個をくっつけ
る。

4 若草色練りきりを、めん棒
を使ってのばし、細かい目
のふるいでこす（ふるいの
目の細かさは、お好みで
選んでください）。

5 中餡に**4**でできたそぼろ
状のきんとんを、きんとん
箸でつけていく。底の面か
ら、側面、最後は上部の順
にバランスを見ながらつけ
ていく。

6 たまごをのせた時に安定
するように、上部をスプー
ンを使い、少し平らにす
る。

7 平らになった部分に、**3**で
作ったたまごをのせる。

8 黄色練りきりをめん棒で
薄くのばして蝶の抜き型で
抜き、好きな位置にトッピ
ングする。

9 金箔をお好みでふる。

15 ランドセル

材料	使う道具
練りきり（お好きな色で）・・・35g	濡れ布巾
※のばして作るため、多めの分量	めん棒
中餡・・・・・・・・・・・・・・・・・・20g	3ミリ厚定規
白色練りきり・・・・・・・・・・少量	定規／包丁
	ストロー（細口）

Let's make!

1 しっかり絞った濡れ布巾を練りきりにかぶせ、3ミリ厚定規を使いながらめん棒でのばす。

2 のばした練りきりから、縦4cm×横3.5cmを包丁でカットする（ランドセルの背中の部分となる）。

3 2の上に形を整えた中餡をのせる。

切り方

3.5cm
4cm
2cm
本体
2cm
4.2cm
5.8cm
かぶせ

4 のばした練りきりから、縦2cm×横3.5cmをカットし、ランドセルの底部分に貼り合わせる。

5 のばした練りきりから、縦4cm×横2cmの大きさを2枚カットする。それぞれ、片端にカーブがつくよう、包丁を入れる。それぞれを両脇に貼りつける。

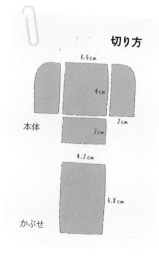

6 途中でカットするには足りなくなったら、残った端っこの練りきりをまとめ、再度、厚み定規でのばすようにする。

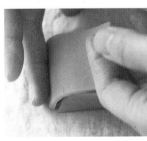

7 のばした練りきりから、縦5.5cm×横3.8cmをカットする。上部を覆うように貼りつけて、ランドセルのかぶせにする。

8 白色練りきりを薄くのばし、ストロー（細口）を使い2枚抜く。2ヵ所に貼りつけて、ボタンのように仕上げる。

54

16 こいのぼり

材料		使う道具
水色練りきり ‥‥‥‥‥22g		平板
白色練りきり ‥‥‥‥‥2g		三角ベラ
中餡 ‥‥‥‥‥‥‥‥18g		丸口金
白色練りきり ‥‥‥ 少量（目）		マジパンスティック
黒色練りきり ‥‥‥ 少量（目）		めん棒
水色練りきり ‥ 少量（胸ビレ）		包丁

Let's make!

1 水色練りきりをまるく平らにつぶし、棒状にのばした白色練りきりをきわにのせて軽くつぶす。

2 境目を指でぼかしグラデーションを作る。

3 グラデーションが外側になるようにして、練りきりで餡を包む。

4 平板に綺麗な面を当ててつぶし、長方形に形を整える。

5 三角ベラで練りきりの3分の1くらいのところに、手前から上に向かってスジを入れる。

6 尾ビレの部分を作る。指で練りきりを挟み、薄くのばす。親指を使い真ん中をくぼませる。ヘラを使い、ヒレにスジを入れる。

7 丸口金を斜めに押し当てて、ウロコを作る。

8 適量の白色練りきりで白目を作る。更にマジパンスティックでくぼませ、黒色練りきりを丸めて黒目を入れる。

9 水色練りきりをめん棒で薄くのばし、丸口金の小さい方で抜く。半分位にカットして胸ビレをつける。

55

17　エプロン

材料

ピンク色練りきり	16g
白色練りきり	8g
中餡	18g
白色練りきり	5g
水色練りきり	4g
ピンク色練りきり	少量
銀箔	適量

使う道具

3ミリ厚定規
めん棒
定規
包丁
竹串
抜き型 (お好みのもの)

Let's make!

1 白色練りきりでピンク色練りきりを半分包む。

2 平らにつぶし、中餡をのせて包み上げる。

3 2をもみあげる(P17参照)。

4 エプロンを作る。白色練りきりと水色練りきりをくっつけて濡れた布巾で湿らせためん棒でのばす。

5 のばしては少しずらして折りたたみ、再度のばす。これを何度か繰り返すと、グラデーションになる。

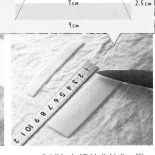

6 のばした練りきりを、縦2.5cm×横9cmにカットする。切りとった白い上の部分から、縦5mm×横6.5mmにする(←エプロンの紐部分になる)。

7 残りの練りきりを、更に台形になるように、端をカットする(上辺が7cm位)。

8 ヒダのように寄せ合い、ベースの上にのせる(←エプロンになる)。その上に6をのせて、腰紐に見立てる。

9 ピンク色練りきりを薄くのばし、好みの抜き方で抜いた花をトッピングする。銀箔でしべをつける。

18　Yシャツ

材料

水色練りきり ‥‥‥35gほど
中餡‥‥‥‥‥‥‥ 18g
白色練りきり ‥‥‥‥少量
黄色練りきり ‥‥‥‥少量
銀箔 ‥‥‥‥‥‥‥適量

使う道具

4ミリ厚定規
濡れ布巾
めん棒
定規／包丁
竹串

Let's make!

1 中餡は俵形に整えておく。次に水色練りきりを4ミリ厚定規を使い、濡れ布巾をかぶせてめん棒でのばす。

2 のばした水色練りきりを縦10cm×横4cmにカットする。

3 2の練りきりで1の中餡を巻く。

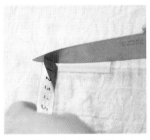

4 襟を作る。薄くのばした白色練りきりを、縦7mm×横4.5cmにカットする。

5 4を襟のように立てて、3の巻き物にのせる。

6 黄色練りきりを薄くのばし、縦4.5cm×横1cmにカットする。更にネクタイのようにカットする。

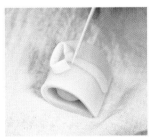

7 残った黄色練りきりを縦5mm×横1cmにカットし、6と組み合わせてネクタイの形に整える。

8 銀箔をのせて、ネクタイピンのように見立てる。

19 花火

花火

材料
黄色練りきり・・・・・・・・・・6g
ピンク色練りきり・・・・・・・6g
紫色練りきり・・・・・・・・・・6g
白色練りきり・・・・・・・・・・8g
中餡・・・・・・・・・・・・・・・18g
金箔・・・・・・・・・・・・・・・適量

使う道具
竹串
三角ベラ

Let's make!

1 黄色・ピンク色・紫色の練りきりを、それぞれくっつける。

2 白色練りきりを丸く平らにつぶし、その上に**1**をのせ、半分位まで包む。

3 **2**を再度丸く平らにつぶし、中餡をのせて上まで包む。

4 竹串で真ん中に軽く目印をつける。

5 外から目印に向かって、三角ベラを使い、十字にスジを入れる。

6 更に2等分にスジを入れる。

7 更に3等分にスジを入れる。

8 お好みで金箔をのせる。

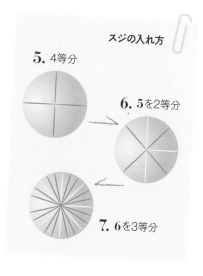

スジの入れ方

5. 4等分

6. 5を2等分

7. 6を3等分

20 ハロウィン・ゴースト

材料		使う道具
白色練りきり・・・・・・・・20g		丸口金
白色練りきり（腕）・・2gほど		竹串
黒色練りきり・・・・・・2gほど		めん棒
黄色練りきり・・・・ほんの少量		
黒ゴマ・・・・・・・・・・・・・適量		
中餡・・・・・・・・・・・・・・18g		

Let's make!

1 白色練りきりで中餡を包む。

2 1の綺麗な面を前にくるようにして、雫形に整える。

3 丸口金の小さい方を使い、ナナメに押して口を作る。

4 黒ゴマを使い目をつける。竹串を濡らして軽く拭いてから使うと、ゴマがつきやすい。

5 黄色練りきりから適量をとり、丸めた練りきりを2つお腹あたりにつける。竹串で軽く押し当てて、真ん中をへこます。

6 2gの白色練りきりから適量をとり、棒状にのばして手をつける。

7 黒色練りきりをめん棒で薄くのばし、丸口金の小さい方で2枚抜く。

8 1枚は帽子のつばになるので、頭につける。

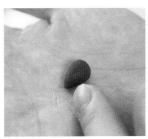

9 残りの1枚は、一度丸めてから円すい型に整えて、8のつばの上にのせて帽子を完成させる。

21　クリスマス・ツリー

材料		使う道具
黄緑色練りきり	24g	めん棒
中餡	18g	濡れ布巾
赤色練りきり	少量	ふるい
黄色練りきり	少量	きんとん箸
氷餅	適量	抜き型（星）

Let's make!

1 黄緑色練りきりをめん棒でのばす。下にしっかり絞った布巾があると、練りきりもくっつきにくいので作業しやすい。

2 ふるいに練りきりをのせる。

3 手の平を使い、上から真下に練りきりをこし、そぼろ状にする。

4 ふるいから練りきりが落ちない場合は、ブラシなどを使い、上からトントン叩き落としてあげる。

5 きんとん箸を使い、中餡の底面から側面、上部に向けて、そぼろ状になった練りきりをつける。

6 中餡がみえないように均一に、三角形を意識しながらつける。

7 少量の赤色練りきりを使い、好みの大きさに丸め、好きなように飾る。

8 黄色練りきりを薄くのばし、星の抜き型で抜く。7のてっぺんに飾る。

9 氷餅をお好みで振りかける。
＊かたまりになっている氷餅の場合は、おろし金で細かくすったり、ビニール袋に入れてめん棒でつぶしたり、手で細かくしてから使うと良い。

65

　オリジナルな創作和菓子を手がけ始めてから、様々な器にも自然と目が向くようになりました。和菓子と言えば、漆器や陶器のお皿に緑茶を添えてという印象がありますが、そんな約束事から飛び出した創作和菓子なら、洋食器に紅茶や珈琲といった組み合わせとも相性が良くなるのです。ミルクに合う和菓子はどんな形と味だろうかと、菓子づくりのアイデアにつながることもありますから、固定概念に囚われない組み合わせを楽しみましょう。

　そして和菓子には食べる楽しみ以外にも「見る喜び」があるのはご存じの通り。スマートフォンで手軽に撮影をして、世界中に発信ができる現代は、そうした作業もまた和菓子作りの楽しみの一つと言えるでしょう。

　私は和菓子作りのワークショップを各地で行っていますが、できあがったお菓子を前に皆さんがまずすることは写真撮影です。この時に和菓子と食器の組み合わせのセンスがモノを言います。食べる時と写す時では正解が変わってくるのです。私の撮影時のコツとしては、実際に食べる際に使うお皿よりも大きめのものを選び、お菓子を食器の中心から少し外した位置に置くこと。お皿のデザインを意識して和菓子が引き立つように撮影しています。和菓子が映える食器を探してみるのも楽しいですよ。

Instagram アカウント名 (@norinriko)

3章 花・植物モチーフの練りきり

花や植物は和菓子の伝統的なモチーフです。その造形美は昔の職人によって考案され、今も変わらずに受け継がれています。シンプルなので上手下手がはっきりと出てしまうモチーフですが、上手にできた時の美しさは言葉になりません。

さくら

材料
白色練りきり ········· 8g
ピンク色練りきり ····· 16g
中餡 ··············· 18g

使う道具
平板
三角ベラ
しべ用針

70

Let's make!

1 白色練りきりを手の平で
つぶし、ピンク色練りきり
をのせ、半分位まで包む。

2 1を更に平らにつぶし、今
度は中餡をのせて包みあ
げる。

3 平板に綺麗な面を押し当
ててつぶし、つぶした面を
触らないように意識しな
がら、綺麗な円に形を整え
る。

4 3をもみあげる(P17参照)。

5 三角ベラを用意する。手前
から奥に向かい、緩やか
に左カーブするようにスジ
を入れる。

6 入れたスジを境にした右
の部分を指で押して、先端
が尖った花びらをつくる。

7 尖らせた部分に三角ベラ
が垂直になるように意識
しながら軽くスジを入れ
る。左側の花びらにも同様
にスジを入れる。

8 菓子を180度回転させ、ス
ジを入れた手前の左右を
それぞれ、指で押して形作
る。

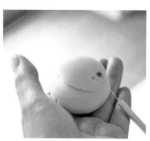

9 しべ用針を、右側の花びら
に3ヶ所押す。この時、真
ん中から押してから左右を
押すと、均等に入る。

22 さくら

あじさい

材料

ミントグリーン色
練りきり ‥‥‥‥‥‥ 22g
白色練りきり ‥‥‥‥ 2gほど
お好みの色練りきり ‥ 少量
中餡 ‥‥‥‥‥‥‥‥ 18g
錦玉 ‥‥‥‥‥‥‥‥ 適量
お好みで銀箔

使う道具

マジパンスティック
（または押し棒）
たまご型
（または計量スプーン）
濡れ布巾／めん棒
抜き型（あじさい）
竹串

Let's make!

ミントグリーン色練り
きりは、普段の黄緑色
（若草色）よりも、ほん
の少し青味が多いです。
調整しながら、着色し
てみてください。

1 ミントグリーン色練りきり
を平らにつぶし、マジパン
スティックか押し棒で、穴
をくぼます。穴の数は、お
好みで。

2 白色練りきりを、**1**のくぼ
んだ穴に埋め込む。こちら
が表面になるので、ミント
グリーンと面がフラットに
なるように埋め込む。

3 **2**を外側になるように、中
餡をのせて包み上げる。

4 木製のタマゴ型か、計量
スプーンを使い、**3**の真ん
中をくぼませる。

5 錦玉を仕込む（P13参照）。
透明の錦玉を、細かくさい
の目切りにして、くぼませ
た**4**の上に適量を飾る。

あじさいの抜き型が
なければ、こした練り
きりを丸くつけたり、
お手持ちの抜き型で
仕上げても。

6 あじさいの抜き型を用意
する。お好みの色練りきり
に濡れ布巾をかぶせ、めん
棒で薄くのばして抜く。

7 好みの位置に、好きな枚
数のあじさいをのせる。あ
れば、銀箔をあじさいの中
心につける。

23 あじさい

あじさい

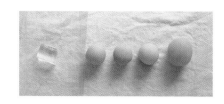

材料	使う道具
水色練りきり ‥‥‥8g	包丁
ピンク色練りきり ‥‥8g	めん棒
紫色練りきり ‥‥‥8g	ふるい（細目）
中餡‥‥‥‥‥‥18g	きんとん箸
錦玉‥‥‥‥‥‥適量	

Let's make!

1 錦玉を仕込む（P13参照）。仕込んだ錦玉を適量取り分け、細かくさいの目切りにする。

2 細かい目のふるいを用意する（目の細かさは、お好みで選んでください）。

3 それぞれの練りきりをめん棒でのばし、ふるいでこす。

4 手の平を、ふるいの面に向かって垂直に下ろすように意識してこす。

5 細かい目のふるいの場合は、裏に練りきりがついたまま落ちないこともあるので、更にふるいの上からブラシで軽く叩き落とす。

6 きんとん箸を使い、中餡の底面から側面、上面へと**3**でこした練りきりをつけていく。配色はお好みのバランスで。

側面、上面につけた練りきりは、できるだけ触らないようにしてつけると、ふんわりした仕上りになる。

7 お好みの量とバランスで、**6**のきんとんに、カットした錦玉をまぶす。

24 あじさい

ばら

材料
白色練りきり ········ 22g
中に使う色練りきり ····· 1g
（お好みの色で）
緑色練りきり ········ 1g
中餡 ·············· 18g

使う道具
マジパンスティック
プラスチックスプーン

Let's make!

1 白色練りきりを手の平を使いつぶす。

2 1の真ん中に、マジパンスティックを使いくぼませる。

3 くぼんだ所に、お好みの色の練りきりを埋め込む。

4 緑色練りきりを雫形をイメージしながら、薄くのばす。白色練りきりのふちに置く。

5 雫の尖ったほうを、白色練りきりの中心に向けるようにして置き、葉のふちを白色練りきりに向かってぼかす。

6 5の色のついた方を外側にして、中餡を入れて包み上げる。

7 プラスチックスプーンを使い、中心からみて三角形になるようなイメージで、3ヶ所にスジを入れる。

8 入れた3ヶ所の間・間をイメージして、更にその周りに3ヶ所、スジを入れる。

9 完成。

25　ばら

さくらんぼ

材料

白色練りきり ······· 23g
赤色練りきり ····· 1gほど
緑色練りきり ······· 少量
中餡 ············· 18g
金箔 ············· 適量

使う道具

めん棒
包丁
マジパンスティック
平板
竹串

Let's make!

1 緑色練りきりをめん棒で薄くのばして幅2cmの帯状にカットする。更に糸状の2本をつくるようにカットする。

2 丸く平らにつぶした白色練りきりの裏に、マジパンスティックなどを使い、2ヶ所にくぼみをつける。

3 くぼんだ部分に、適量の赤色練りきりを埋める。

4 3に中餡をのせて赤色が内側になるように包む。白色練り切り越しに内側の赤色が透けて浮き上がって見えるように包む。

5 平板を使い、赤色が見える面を当ててほんの少しだけ平らにつぶす。

6 2ヶ所の赤いまるの先に、1で用意した細長い緑色練りきりをのせて、軽くおさえる。軸がお互い寄り添うようにのせる。

7 再度、平板に綺麗な面を当てて、できた円を触らないようにして、まるく形を整える。

8 軸の部分が目立つよう、マジパンスティック（包丁や針でも可）で線を入れる。

9 竹串を使い金箔を取り、トッピングとして仕上げる。

26 さくらんぼ

なでしこ

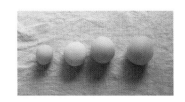

材料
白色練りきり‥‥‥10g
＊ここから**8**のしべ用に少量
　取り分けておく
ピンク色練りきり‥14g
緑色練りきり‥‥‥少量
中餡‥‥‥‥‥‥‥18g

使う道具
平板／竹串
三角ベラ／絹布巾
ふるい（細目）
めん棒
定規／包丁

Let's make!

1 白色練りきりを平らにつぶし、ピンク色練りきりをのせて、半分ぐらいまで包む。

2 **1**を更に平らにつぶし、中餡をのせて、今度は包み上げる。

3 平板を用意する。**2**の綺麗な面を平板でつぶし、その綺麗な円を触らないようにもみあげ（P17参照）して丸く形を整える。

5ヶ所は、Yの字で3ヶ所入れてから、残り2ヶ所入れるとバランスが取りやすい。

4 円の中心が分かるように、竹串で目印をつける。三角ベラを菓子と垂直になるように当て、外から中心に向かって、均等に5ヶ所のスジを入れる。

5 花びらを親指の腹でくぼませる。

6 三角ベラで花びらの先に10ヶ所ほどスジを入れる。

7 きっちり水を絞った絹布巾を上からかぶせ、中心を竹串で押してくぼませる。

8 少量の白色練りきりを、細かいふるいでこして竹串で取り、中心にしべをつける。

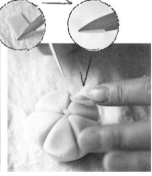

9 緑色練りきりをめん棒でのばして約3cm角の四角形をつくる。一辺を斜めに細長くカットして先尖りのなでしこの葉をつくる。葉の先端をカーブさせて花の上にトッピングする。

80

27　なでしこ

あさがお

材料
水色練りきり ・・・・・・ 22g
白色練りきり ・・・・・・・ 2g
中餡 ・・・・・・・・・・・・ 18g
錦玉 ・・・・・・・・・・・・ 適量
＊あさがおの葉の抜き型があれば、
　緑色練りきりを少量用意する。

使う道具
マジパンスティック
（または押し棒）
平板／スプーン
竹串／絹布巾
めん棒
抜き型（あさがお）

Let's make!

1 水色練りきりを平らにつぶし、マジパンスティックか押し棒で、真ん中にくぼみをつける。

2 **1**のくぼんだ所に、白色練りきりを埋め込む。きわの部分を指で、外側に向かってぼかす。

3 **2**のぼかしが外側にくるようにして、中餡を包み上げる。

4 平板を用意する。ぼかした綺麗な面を平板に当ててつぶす。

5 もみあげ（P17参照）をして丸く形を整える。竹串で中心に目印をつけておく。

6 スプーンの先を使い、5ヶ所にスジを入れる。3ヶ所目を入れたら、残りの2ヶ所は、半分ずつくらいにスジが入るよう調整して入れると良い。

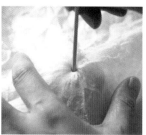

7 **6**に、きっちり絞った絹布巾をのせて、中心に竹串の尖ってない方でくぼみをつける。

8 **7**のくぼみに細かいさいの目切りにした錦玉をのせる（錦玉の作り方は、P13参照）。角度をつけてのせると、光の反射があり綺麗。

9 あさがおの葉の抜き型があれば、緑色練りきりをめん棒で薄くのばして抜く。抜いた練りきりを、お好みの位置にのせる。

28 あさがお

ひまわり

材料
白色練りきり ・・・・・・・・・ 8g
黄色練りきり* ・・・・・・・・ 16g
しべ用 茶色練りきり ・・・ 少量
中餡・・・・・・・・・・・・・・・・ 18g

使う道具
平板／竹串
三角ベラ
マジパンスティック
（または押し棒）
しべ用の三角ベラ

＊黄色にほんの少しピンク色を足してみると、また印象が変わります。

Let's make!

1 白色練りきりを平らにつぶし、黄色練りきりをのせる。

2 半分位まで包む。

3 再度、**2**の練りきりを平らにつぶし、中餡をのせて、今度は包み上げる。

4 平板を用意する。**3**の綺麗な面を平板にあててつぶす。

5 あてた円を触らないようにもみあげ（P17参照）をして形をカップケーキ形に整える。

6 竹串を使い、中心に軽く目印をつける。

しべ用の三角ベラがなければ、中心を押し棒などでくぼませて、少量の茶色の練りきりを丸めてのせたり、細かいふるいでこして竹串でつけても。

7 三角ベラを菓子の真上から見て垂直にあて、外側から**6**の中心に向かってスジを入れる。まず、十字に4本、更に2本ずつ入れる。全部で12本スジが入る。

8 マジパンスティックか押し棒で中心から外側に向かって、練りきりを撫でるようにして生地を押し出す。花が繊細で立体的になる。

9 しべ用のヘラがあれば、茶色い練りきりを埋め、**8**の中心につける。この時、ヘラを一度濡らし拭いてから使うと、生地が離れやすい。

29 ひまわり

きく

材料

白色練りきり ・・・・・・・・・8g
ピンク色練りきり ・・・・・・16g
しべ用 黄色練りきり ・・ 少量
中餡 ・・・・・・・・・・・・・・18g

使う道具

竹串
マジパンスティック
（または押し棒）
三角ベラ
しべ用の三角ベラ

86

Let's make!

1 白色練りきりを平らにつぶし、ピンク色練りきりを半分位まで包む。

2 1を再度つぶし、中餡をのせて今度は包み上げ、手でなでるように綺麗に形を整える。

3 竹串を使い、真上からみて中心になる所に軽く目印をつける。

4 三角ベラで外側から中心に向かい、スジを16本入れる。まず十字に入れ、更に十字の間に1本ずつ入れる。最後にスジとスジの間にもう1本ずつ入れる。

5 マジパンスティックか押し棒で上の段の花びらを、中心から外側に向かい押し出す。この時、1つずつ間をあける。

6 下の段の花びらを、中心より少し外側から外に向かい押し出す。上段と下段、花びらが交互になるように。

7 しべ用のヘラに黄色練りきりを埋める。

8 ヘラを、6の中心に押してしべをつける。

> 三角ベラは、一度濡らしてきちんと拭いたものを使うと、練りきりがしべ用のヘラから離れやすい。
> しべ用の三角ベラがなければ、小さく中心をくぼませて、丸めた黄色練りきりをのせてあげても。

30 きく

りんご

材料
淡い黄色練りきり ‥‥ 24g
茶色練りきり ‥‥‥‥ 少量
濃い緑色練りきり ‥‥ 少量
中餡‥‥‥‥‥‥‥‥ 18g
赤色の着色料 ‥‥‥‥ 少量

使う道具
絹布巾／竹串
プリンカップ
筆
めん棒
ストロー（細口）

Let's make!

1 淡い黄色練りきりに中餡をのせて包み上げる。

2 包んだ**1**が、りんごのベースになるので、りんごをイメージしながら形を整える。

3 絹布巾を被せ、真上からみて中心に竹串の尖ってないほうで押す。

4 茶色練りきりを少量使い、**3**のくぼんだ部分に芯に見立てて埋め込む。

5 赤色の着色を用意する。水で着色を溶かすが、好みの濃さになるように調整する。

6 プリンカップなど、手の中で回せるようなカップを用意する。そこに**2**をのせて、**5**の着色を筆を使い色づけする。

7 短くカットしたストローを用意して1度つぶす。開くと断面が葉のような抜き型になる。

8 濃い緑色練りきりをめん棒で薄くのばし、**7**を使い抜く。

9 **6**のお好みの位置に、葉をのせる。竹串で葉の真ん中にスジを入れる。

31 りんご

つばき

材料
白色練りきり ・・・・・・ 22g
赤色練りきり ・・・・・・ 2g
黄色練りきり ・・・・・・ 少量
緑色練りきり ・・・・・・ 少量
中餡 ・・・・・・・・・・・・ 18g

使う道具
絹布巾
押し棒
めん棒
丸口金
竹串

Let's make!

1 白色練りきりを平らにつぶす。

2 赤色練りきりを3等分にして雫形にし、雫の尖った部分が中心になるように、**1**の練りきりの上に貼りつける。

3 **2**の赤色練りきりを、白色練りきりにしっかりつける。

> しっかり絞れてないと、練りきりが水っぽくなってしまうため、手拭きなどに巻き込んで、一緒に絞ると良い。

4 赤色練りきりをつけた面を外側にして、中餡を包み上げる。

5 濡らして固く絞った絹布巾の中心に、包み上げた**4**の練りきりをそのままのせる。

6 手の平にのせ、絹布巾のしわを整える。そのままヒダをくるくるとねじる。

> ＊まず円の形に抜き、更に横にずらして抜き落とすと、葉の形になる。P49参照

7 そのまま**6**のねじりを、練りきりの中心に押し込む。絹布巾をそっと外すと、くぼみができている。

8 黄色練りきりに押し棒の細い部分を押し込み、出来上がったものを**7**のくぼみにのせてしべにする。

9 緑色練りきりをめん棒で薄くのばし、丸口金の小さい方で葉の形に抜く＊。好みの位置にのせ、竹串で真ん中にスジを入れる。

32 つばき

材料

白色練りきり ‥‥‥ 8g
赤色練りきり ‥‥‥ 16g
中餡‥‥‥‥‥‥ 18g
黄色練りきり ‥‥‥ 少量

使う道具

平板
丸口金
絹布巾
竹串
ふるい（細目）

Let's make!

1 白色練りきりを平らにつぶして赤色練りきりをのせ、半包みにする。

2 包んだ1を平らにつぶす。

3 中餡をのせ、完全に包み上げる。

4 平板に練りきりの綺麗な面を押し当てて半分ほどまでつぶす。

5 もみあげ（P17参照）をしてカップケーキ状に形を整える。

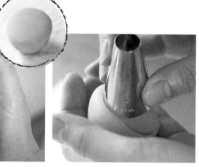

6 丸口金の大きい方の輪を使って、練りきり上面のふちの方に5ヶ所の半円を押す。

7 濡らして固く絞った絹布巾を上から被せて、竹串の尖っていない方で中心をくぼませる。

8 黄色練りきりを目の細かいふるいでこす。

9 くぼませた中心に竹串でのせる。

33 うめ

増補版特別章
norinriko's special

初版が出版され6年近くが経ちました。
古くから脈々と受け継がれてきた和菓子の造形美は、
少しの年月で変わるものではありませんが、本章では
新たにいくつか、私のお気に入りのモチーフの練りきり
を、私ならではの作り方でご紹介しようと思います。

ミモザ

材料（ミモザ2個の分量）
白色練りきり‥‥‥24g
黄色練りきり‥‥‥24g
若草色練りきり‥‥10g
濃い黄色練りきり‥5g
中餡‥‥1つ分18g×2

使う道具
ナイフ
絹布巾
ふるい（細目）
竹串

Let's make!

包丁に餡がついてしまうので、切る度に濡れ布巾で包丁を湿らせる

最初に丸い形を作る時、2つとも同じ高さにしておくと、貼り合わせた時に凸凹しない。

1 黄色練りきりを平らにつぶし、中餡を上にのせて包餡する。白色練りきりでも同様に。

2 1にナイフを入れ、8等分にする。

3 白、黄を交互に貼り合わせて、はじめの丸の形に戻す。これを2つ作る。

4 絹布巾にのせて、軽く握ってひっくり返す。ひだを整えてまた戻す。

5 茶巾絞りをした後、絞った部分の芯を軸に布巾を下支えしている方の手の平で押すようにしてくぼみを作る。

6 布巾から一度取り出し手の平で形を整えミモザの土台を作る。

7 若草色練りきりを手の腹で平らにして、ふるいの裏から親指の腹を使って押し出す。

8 竹串を使って、土台の上部からくぼみのまわりを縁取るように、7でできた若草色のきんとんを植えつける。（ミモザの葉を表現）

9 濃い黄色練りきりを手の腹で平らにし、7の工程より薄く伸ばしてさらに短いきんとんを作り、少量ずつ取ってバランスよく葉の上に植えつける。（ミモザの花を表現）

34　ミモザ

チューリップ

材料
白色練りきり‥‥‥ 6g
ピンク色練りきり‥18g
黄色練りきり‥‥‥ 1g
（しべの部分）
緑色練りきり‥‥‥ 3g
中餡‥‥‥‥‥‥‥18g

使う道具
平板　　　三角ベラ
木製たまご　竹串
ささら　　　ふるい（細め）
　セルクル

Let's make!

1 白色練りきりを平らにつぶしてピンク色練りきりをのせ、半包みにする。

2 手の平で包餡しやすいところまでつぶした後、その上に中餡をのせて包み上げ、形を整える。

3 平板の表面を軽く湿らせて、餡のきれいな方を上にしてのせる。平板を手の平に押し当てるように餡を平板からはずす。

4 手の平で餡を挟み込む。俵の形になるよう意識しながら力を加減し、もみ上げていく。

5 最後にしべの部分を木製たまごを使って窪ませる。

6 ささらを使って表面に筋をつけ、チューリップの花びらを表現する（茶筅を使ってもOK）。

竹串でも筋を入れると繊細な筋が表現できる

7 三角ベラの一本線の部分を使い、弧を描くように2本（右と左）筋をつける。

8 布巾の間に緑色練りきりを入れ、平板でつぶす。

9 薄くのばすと布巾からはずしづらくなるので、布巾をひっくり返してそっとはずす。

10 お好みのセルクル（今回は直径4cmのものを使用）を使い、型抜きして葉っぱを作る。薄くのばすとはずしづらくなるので、セルクルをひっくり返して指の腹でそっとはずす。

11 手で先っぽに曲線をつけると葉っぱのニュアンスが出る。花びらに貼る時に竹串で中央をなぞるように筋をつける。

12 黄色練りきりを手の腹で平らにして、ふるいの裏から親指の腹を使って押し出しきんとんを作る。4でつけた窪みにきんとんをあしらい、しべを表現する。

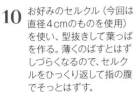

35　チューリップ

花火

材料

白色練りきり ‥‥‥24g	赤色練りきり ‥‥ 少量
黄色練りきり ‥‥‥ 少量	金箔 ‥‥‥‥‥ 少量
黄緑色練りきり‥‥ 少量	**使う道具**
水色練りきり ‥‥‥ 少量	三角ベラ
紫色練りきり ‥‥‥ 少量	押し棒
ピンク色練りきり‥ 少量	（マジパンスティックでも可）
中餡 ‥‥‥‥‥ 18g	平板
	竹串

Let's make!

1 濡れ布巾を2枚重ねし、中に白色練りきりを挟み、平板でつぶす。

2 押し棒で**1**の6カ所に窪みを作る。それぞれの色の餡を平らにしてから、1つひとつの窪みに入れていく。

3 表面がフラットになるぐらいの量を調整しながら入れる。

4 包餡がしやすいように、平板で潰す。

5 表面を馴染ませてぼかす。

6 布巾をひっくり返してはずす。

7 包んだ時に色のついた方が外側に来るように、包餡する。

8 指が餡につかないように、手の平でコロコロ転がしながら形を整える。

9 不安な人は上に印をつける。

10 外側から上の中心に向かって線を入れる。三角ベラの1本の線が入る部分を使って32本の筋をつける。

11 押し棒かマジパンスティック（細め）で線と線の間に窪みを作る。

12 最後の少量の金箔を載せる。

36 花火

ドット柄の巻物

材料		使う道具	
黄色練りきり ・・・・	40g	ルーラー	平板
白色練りきり ・・・・・・	5g	（4㎜、5㎜）	押し棒
紫色練りきり ・・・・・・	5g	めん棒	竹串
ピンク色練りきり ・・	5g	包丁	ふるい
（なでしこ用）		ぬき型（なでしこ）	
白色練りきり（しべ用）	少量	マジパンスティック	
中餡 ・・・・・・・・・・・	18g	（先が丸いもの）	

Let's make!

1 濡れ布巾の上に5mm厚のルーラーを並行に置き、黄色練りきりをめん棒でのばしていく。

2 縦の長さが10センチになるよう調整する。

上の列から順に白色、黄色の順に練りきりを穴に入れていく

3 押し棒かマジパンスティックで1の13カ所に、貫通させずに窪みを作る。斜めに2個、3個、3個、3個、2個と穴を開けていくと良い。

4 布巾をかぶせた上からめん棒でなじませ5mmの厚さまでのばしていく。

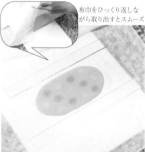

布巾をひっくり返しながら取り出すとスムーズ

5 ルーラーを4mm厚のものに変えさらに伸ばす。

6 包丁で4cm×10cmの大きさに切る。

7 巻物でくるっと中餡を巻く。

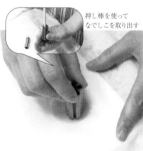

押し棒を使ってなでしこを取り出す

8 ピンク色練りきりを布巾の上に置き、平板でつぶす。そっとひっくり返し、抜き型を使って型抜きをする。

9 なでしこは2枚作り、立体的になるよう押し棒で形を整える。

10 巻物の上に貼り付ける。

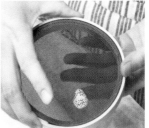

11 白色練りきりをふるいの裏から指で押し出してきんとんを作る。

12 竹串で少量取り、花びらの真ん中に植えつける。

37　ドット柄の巻物

秋桜

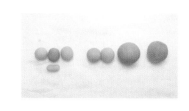

材料

水色練りきり ・・・・・	18g
白色練りきり ・・・・・	6g
若草色練りきり ・・・	5g
黄色練りきり ・・・・・	1.2g
ピンク色練りきり・・	1.2g
白色練りきり ・・・・・	1.2g
中餡 ・・・・・・・・・・	18g

濃い黄色練りきり・・少量
（しべ用）

使う道具

平板	竹串
木製のたまご	ふるい
押し棒	抜き型
マジパンスティック	（秋桜）
（先が丸いもの）	

Let's make!

しずく型になるよう
整え、花束を作る

1 白練り切りを手の平で平に
つぶし、丸めた水色練りき
りを上にのせ、白色練りき
りで包餡する。

2 それをさらに手の平で平に
つぶし、中餡を包餡する。

3 木製たまごで窪みを作り、
マジパンスティックで窪ん
だ面をならして整え、逆円
錐形になるよう成型。

4 手の平の下の方で包むよ
うにして転がすのがポイン
ト。
窪みが戻ってしまうので、
もう一度木製たまごで窪
ませる。

5 押し棒の太い方を押し当
て、フリルを8カ所に作
る。

6 若草色練りきりをふるいの
裏側から指で押し出し、き
んとんを作り、竹串で花束
の上部に葉っぱを植え付け
る。

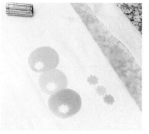

7 白色、ピンク、黄色の練り
切りを平板で押して平に
し、秋桜の型で抜く。

8 押し棒の太い方で、秋桜の
花を押し、立体的にする。
6の葉っぱの上につける。

9 濃い黄色練りきりをふるい
の裏側から指で押し出し、
花の上の植え付けてしべ
を表現する。

38 秋桜

雪の結晶

材料
白色練りきり ・・・・　6g
水色練りきり ・・・・　18g
中餡 ・・・・・・・・・・　18g
アラザン・・・・・・・・　1粒

使う道具
平板
三角ベラ
マジパンスティック
竹串

Let's make!

1 白練り切りを手の平で平につぶし、丸めた水色練りきりを上にのせ、白色練りきりで包餡する。

2 それをさらに手の平で平につぶし、中餡を包餡する。

3 平板でつぶし、キレイな面を上にして、円の形が崩れないようにもみあげする。

4 上部中心部分に軽く竹串で印をつける。

5 三角ベラを底から側面に沿わせるようにあてて、6本筋を入れる。

6 6等分して作った花びらを、それぞれ人差し指とお父さん指で摘んで三角になるように成形し、一辺の真ん中を尖らせる。

7 三角ベラで尖らせた部分の両脇に、三角ベラを押し当てるようにしながら溝を作る。

8 マジパンスティックの尖った方で中心から外側に向かって筋を入れ、さらに細かな筋を入れて葉脈を表現する。

9 アラザンを中心部に一粒のせる。

39 雪の結晶

サンタクロース

材料（2個分）

うすだいだい色練りきり 22g
（そのうち耳2gずつ/鼻1g）
赤色練りきり ········ 22g
白色練りきり ········ 10g
（ひげ・帽子のふち・帽子のポンポン）
中餡 ·············· 15g
黒ごま·············· 4粒

使う道具

平板
ふるい（細目）
竹串
包丁
めん棒
ルーラー（2mm厚）

Let's make!

1 うすだいだい色練りきり、赤色練りきりをそれぞれ手の平で平につぶし、中餡を包餡する。

2 包丁で半分に切り、うすだいだい色練りきりの半分と赤い色練りきりの半分を合体させる。

3 丸めた練りきりを半分ずつ使うので、2つ分作ることができる。

4 平板でつぶし、キレイな面を上にして、円の形が崩れないようにもみあげる。

5 円形のふちを触らないよう心がけながら横回転させる。

6 赤色練りきりの先が三角になるよう成型する。

7 うすだいだい色練りきりをそれぞれの分量で丸め、耳は赤色とうすだいだい色の境目につける。鼻は顔の真ん中の好きなところにつける。
（乾いているとくっつかないので、乾く前に素早くつける）

8 白色練りきりを棒状にする。

9 めん棒でのばしサンタの耳がかくれるぐらいの長さで切る。

帽子のふちはサンタの耳の上部までかくれるように巻くのがポイント

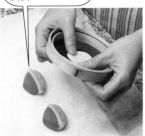

10 赤色練り切りの下部に短冊状の白色練りきりをおいて帽子のふちを作る。別の白色練り切りを手の腹で平らにして、ふるいの裏から親指の腹を使って押し出す。

11 きんとんを竹串で取り、サンタのひげと帽子のボンボンをつくる。

12 竹串で黒ごまをとり、鼻の両脇に置いて目をつくる。

40　サンタクロース

あとがき

　本のあとがきというものは、本来は著者が書くものだと思います。ところが、いたずら好きの妻から、「あなたが書いたほうが面白そうだから」と託されてしまいました。寝耳に水の話で戸惑いながらですが、ここは一人の菓子職人としての文章で、代役を務められたらと思います。

　まず最初に言っておきたいのは、彼女が作る和菓子は「掟破り」だということです。なんと言ってもその色や造形は、伝統的な和菓子を作る職人からするとありえないものです。その上、私の隣に立って仕事を助けながら、技術や知識を盗み取っていく妻の和菓子は仕上がりも「まあまあ」（夫のプライド的表現です）なので、心中穏やかではありません。本書の草稿を手にした時は、ここまで手の内を見せてしまうのかと驚きもしました。ここも掟破りだと言えるでしょう。

　あらためてページをめくりますと、こういう和菓子は男の自分には作れないとつくづく感じます。修行を積んだ菓子職人だからこそ、伝統に囚われている部分もあるのです。ここ数年来、自由にかわいらしさを追求した妻の和菓子を前にして、嬉しそうに目を輝かせるお客さまの姿を間近にしてきました。伝統や技術の継承は大事ですが、相手に喜んで貰えることが職人の目指すところ。そんな笑顔を引き出す彼女の創作菓子には、同じ職人として素直に感心します。

　考えてみれば、華やかな和菓子の世界に女性の職人が少ないのは不思議です。「見て覚えろ」という厳しい不文律が壁を作ってきたのかもしれません。最近は私も妻の菓子から影響を受けて、本来はタブーとされる寒色を試してみることもあります。それを見つけてニヤリと笑う彼女の得意そうな笑顔は掲載してもらいたいくらいです。

　こうしてまとめられた本書がきっかけになり、女性の菓子職人が増えていくようなことがあれば、和菓子の世界も新しい方向に広がるのではないかと感じています。そんな世界がくることを願って、私も精進に励みたいと思います。

　この気持ちは、時を経て増補版が出ることになった今も、全く変わっていません。

「銘菓創庵 新月」店主　川嶋伸介

C'est
du temps
spécial pour toi
et les
Wagashi
noriko

norinriko 川嶋紀子

1974年、東京生まれ。
日本菓子専門学校卒業後、和菓子店、
百貨店、カフェを経て、現在は三重県
津市の老舗和菓子店「銘菓創庵 新月」
で勤務。norinriko名でInstagramに
アップする「四季に寄り添った和菓子、
かわいいをテーマにした和菓子」が大
人気。各地で行っているワークショップ
も好評を博している。

ブックデザイン	西屋美香（カラスブックス）
編集協力	西屋真司（カラスブックス）
撮影	松原 豊
スタイリング	中村恵美（caffé dolce） 広田裕美（caffé dolce）
増補判制作協力	株式会社のほん
編集	松本貴子

制作協力	caffé dolce（撮影場所）	http://caffedolce.blogspot.jp/
	（有）克工務店（撮影場所）	http://www.katsu-koumuten.co.jp
	竹中悠記（ガラスの器）	http://ukiroosh-glass.wixsite.com/ukiroosh
	村田瑞記（カリグラフィー）	https://www.instagram.com/michelle_projects/
	WOODWORK（トレー）	http://woodwork.co.jp
	アサミ株式会社（製菓道具）	http://kashidougu.net/

資材協力	製菓・製パン資材を扱うショッピングサイト「cotta」
	http://www.cotta.jp

増補版 初めて作る かわいい練りきり和菓子

2023年11月15日　第1刷発行

著者	norinriko　川嶋紀子　、
発行	株式会社産業編集センター
	〒112-0011
	東京都文京区千石4丁目39番17号
	TEL 03-5395-6133
	FAX 03-5395-5320

印刷・製本　萩原印刷株式会社